BBQ Kuchen

35 Rezepte für jeden Grill-Typ

Süße Leckereien vom Grill

Felix Walz & Georg Lenz

Inhaltsverzeichnis

16   Kapitel I: Fruchtig

50 Kapitel 2: Schokoladig

72 Kapitel 3: Herzhaft

Vorwort

„Kuchen auf dem Grill? Wie kommt man denn darauf?" Das ist eine berechtigte Frage, die gleich hier beantwortet werden soll. Wir, Felix und Georg, beide studierte Lebensmitteltechnologen, wohnten während unseres Studiums in einer großen WG am Rande von Stuttgart. Im Garten stand ein Grill, der im Sommer häufig genutzt wurde. Da wir leidenschaftliche Köche und Grill-Liebhaber sind, probieren wir gerne neue, aber auch etwas ausgefallenere Rezepte aus. Aufgrund unseres Studiums kamen wir eines Sommers schließlich auf die Idee, Pfannkuchenteig in Wurstpellen zu füllen und diese zu grillen. Das war letzten Endes zwar nicht sonderlich schmackhaft, doch die Grundidee des Backens auf dem Grill war geboren.

Wenige Wochen später erfuhren wir von einem Produktentwicklungswettbewerb, bei dem Studenten neue Lebensmittel für die Industrie erfinden sollten. Obwohl wir nicht damit rechneten, mit unserer Idee des Kuchenteig-Würstchens besonders erfolgreich zu sein, nahmen wir trotzdem daran teil. Den Wettbewerb haben wir mit unserer Produktidee, die wir BBQuchen tauften, schließlich gewonnen. Bis dato hatten wir drei Sorten in den Geschmacksrichtungen Mango-Mohn, Zucchini-Kokos und Haselnuss-Karotte entwickelt. Auch diese Rezepte finden Sie, in abgewandelter Form, in diesem Buch.

Im Laufe der Zeit haben wir mit sehr vielen verschiedenen Kuchenteigen experimentiert und viel über das Grillen von Kuchen durch „learning by doing" herausgefunden. Dabei ist uns aufgefallen, dass sich das Kuchengrillen nicht besonders vom Grillen von herzhaften Teigen unterscheidet. Deshalb haben wir in beide Richtungen Rezepte entwickelt und hier zusammengestellt. Unser gesammeltes Wissen und die neu gewonnene Leidenschaft am Grillen von Kuchen wollen wir in diesem Buch an Sie weitergeben.

Wir wünschen Ihnen viel Spaß beim Grillen, gutes Gelingen und viele schöne Sommerabende mit leckeren Kuchen!

Felix Walz   Georg Lenz

Backen auf
DEM GRILL
Wie funktioniert's?

Die verschiedenen Grillarten

Ob Kohle-, Gas- oder Elektrogrill: Grundsätzlich eignen sich alle Grilltypen zum Kuchengrillen. Dennoch sind ein paar Unterschiede zu beachten. Bei Rezepten, bei denen der Teig in eine Backform gegossen bzw. in Alufolie eingewickelt wird, ist es von Vorteil, wenn sich der Grill gut regeln lässt, man die Temperatur also exakt einstellen und beibehalten kann. Dies ist bei Gas- und Elektrogrills meist gut möglich. Bei Kohlegrills hingegen erfordert das etwas Übung, vor allem bei Rezepten mit über 30 Minuten Grillzeit.

Für das Regeln der Temperatur auf einem Kohlegrill gibt es mehrere Möglichkeiten. Schaffen Sie sich einen Bereich im/am Grill, an dem Sie neue Kohle separat anzünden und überschüssige Kohle hinlegen können. Angezündete Kohle kann so schnell und einfach hin- und hergeschoben werden. Dieser Bereich kann bei einem größeren Grill ein Teilbereich sein, auf dem nicht gegrillt wird. Alternativ können Sie einen zweiten Grill oder einen Anzündkamin für den Kohlenachschub verwenden.

Wenn Sie nicht über so viel Platz bzw. eine der genannten Alternativen verfügen, können Sie durch geschicktes Anzünden und Verschieben der Kohlestücke eine gute Temperaturverteilung erreichen.

Legen Sie während des Grillens nie Kohle nach! Diese raucht, riecht und brennt, anstatt zu glühen, was die Temperatur sehr ungleichmäßig macht.

Beim Grillen mit Kohle bleibt der typische Grillgeruch nicht aus. Der leicht rauchige Geschmack findet sich demzufolge auch dezent in den Kuchen wieder. Wir finden, dass dies geschmacklich zu allen herzhaften Rezepten sehr gut passt und auch für die süßen Rezepte eine spannende Ergänzung ist.

Indirektes und direktes Grillen

Beim Grillen gibt es zwei unterschiedliche Arten, um Kuchen auszubacken: das direkte und das indirekte Grillen. Beim direkten Grillen wird der Kuchen unmittelbar über die Heizquelle gestellt.

Beim indirekten Grillen wird der Kuchen versetzt zur Hitzequelle ausgebacken, der Grilldeckel bleibt dabei geschlossen. Zünden Sie zunächst etwa die Hälfte der Menge an Kohle an, die es braucht um den Boden komplett zu bedecken. Sobald die Kohle vollständig mit weißer Asche bedeckt ist, schieben Sie sie auf eine Seite des Grills und stellen den Kuchen auf die andere. Bei dieser Methode sollten Sie das Grillgut gelegentlich drehen (nicht wenden!), sodass jede Seite des Kuchens gleich lang in Richtung Kohle zeigt.

Bei großen Grills verteilen Sie die Kohle am besten am Rand des Grills. Um zu gewährleisten, dass die Kohle nicht wieder in die Mitte rutscht, können Sie eine Aluschale in die Mitte stellen und die Kohle darum verteilen. Anschließend stellen Sie den Kuchen zwischen die Kohle in die Mitte. So wird der Kuchen gleichmäßig gegrillt und er muss auch nicht gedreht werden.

Beim indirekten Grillen auf Elektro- und Gasgrills müssen diese mindestens zwei Heizzonen besitzen. Das Prinzip ist hierbei ähnlich wie beim Kohlegrill. Heizen Sie entweder eine Seite an und stellen Sie den Kuchen auf die andere, oder erhitzen Sie (bei einem größeren Grill) die äußeren Bereiche und platzieren Sie den Kuchen in der Mitte.

Generell müssen Sie für das Grillen von Kuchenteigen andere Temperaturen ansetzen als beim scharfen Grillen von Steak oder Wurst. Direkt und ohne Schutz gegrillt, werden die meisten Kuchen innerhalb kürzester Zeit schwarz und verbrennen. Um dies zu vermeiden, werden die meisten Kuchen indirekt gegrillt. Die Temperatur am Kuchen ist dabei deutlich niedriger. Zum Vergleich: Beim direkten Grillen liegen bis zu 300 °C vor, während beim indirekten Grillen meist Temperaturen zwischen 150 °C und 220 °C vorherrschen – Werte also, die man auch vom Backen im Backofen kennt. Eine weitere Methode, um den Kuchen vor zu hohen Temperaturen zu schützen, ist das geschickte Einpacken des Grillguts (siehe Seite 10/11).

HINWEIS

Wenn Sie keinen Grill mit integriertem Deckel besitzen, müssen Sie auf das indirekte Grillen keineswegs verzichten. Mithilfe von speziellen Vorbereitungen können Sie die erforderlichen Gegebenheiten problemlos imitieren, zum Beispiel mit Hauben für Burger, einfachen Metallschüsseln oder selbstgeformten Hauben aus Alufolie. Die Hauben sollten dabei groß genug sein, um über den Kuchen gestülpt zu werden. Falls Sie keine hitzebeständige Haube oder Schüssel haben, können Sie einfach eine Haube aus Alufolie formen. Drehen Sie dafür eine Schüssel in der benötigten Größe um und legen Sie ein Stück Alufolie, welches die Schüssel komplett bedeckt, darauf. Die Alufolie fest andrücken, sodass sie Form annimmt, und schließlich leicht um den Schüsselrand wickeln. Die Haube vorsichtig abnehmen.

Achten Sie beim indirekten Grillen darauf, den Deckel möglichst selten zu öffnen, um die Temperatur darunter gleichmäßig zu halten. Dasselbe gilt natürlich auch für die eben genannten Hilfsmittel.

AUF EINEN BLICK

Damit Sie stets den Überblick behalten, finden Sie bei jedem Rezept in Form der folgenden Symbole einen Hinweis darauf, ob direkt oder indirekt gebacken wird.

Hier ist ebenfalls vermerkt, wie lange gebacken wird und für wie viele Personen die Rezepte ausgerichtet sind.

 direkt

 8 PERSONEN — Personenzahl

 indirekt

 40-50 MINUTEN — Backzeit

Temperaturen & Backzeiten

Das Backen auf dem Grill ist aufgrund der individuellen Beschaffenheit eines jeden Grills von Mal zu Mal unterschiedlich, situationsabhängig und nicht exakt nach einem bestimmten Schema X durchführbar. Umso wichtiger ist es, einige Orientierungspunkte in Bezug auf Temperaturen und Zeiten zu haben. Folgende Dinge sollten Sie beim Backen beachten:

▱ Je höher die Temperatur auf dem Grill, desto schneller erwärmt sich auch der Teig. Dennoch braucht die Hitze Zeit, um in den Kern des Kuchens vorzudringen. Große Kuchen sollten deshalb niemals zu heiß gegrillt werden, da sie sonst außen verbrennen, während der Teig im Inneren noch kalt und roh ist.

▱ Bei größeren Kuchen sind, je nach Umfang, Temperaturen von mindestens 140 °C bis etwa 200 °C sinnvoll. Kleinere Backwerke, zum Beispiel Cookies, lassen sich unter Wenden wiederum heißer grillen.

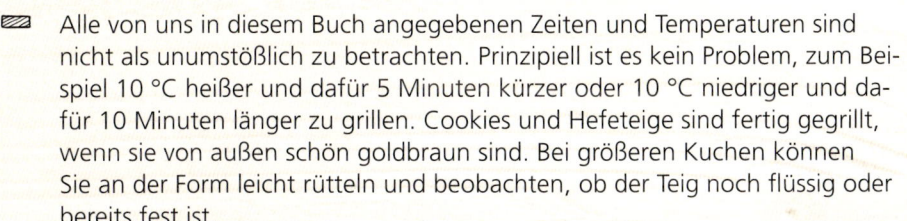

▱ Alle von uns in diesem Buch angegebenen Zeiten und Temperaturen sind nicht als unumstößlich zu betrachten. Prinzipiell ist es kein Problem, zum Beispiel 10 °C heißer und dafür 5 Minuten kürzer oder 10 °C niedriger und dafür 10 Minuten länger zu grillen. Cookies und Hefeteige sind fertig gegrillt, wenn sie von außen schön goldbraun sind. Bei größeren Kuchen können Sie an der Form leicht rütteln und beobachten, ob der Teig noch flüssig oder bereits fest ist.

Ist der Teig oben auf dem Kuchen gerade erst gestockt, sollten Sie ihn sicherheitshalber noch ein paar Minuten weitergrillen, damit auch das Innere fertig gebacken ist. Um zu prüfen, wie das Kucheninnere aussieht, ist die Verwendung eines Thermometers sinnvoll. Stecken Sie es immer in die Mitte des Kuchens.
Rührkuchen sind bei etwa 95 °C Kerntemperatur fertig, Brownies, die saftiger bleiben sollen, bei ca. 85 °C und Käsekuchenmassen bei ungefähr 80 °C gar. Alternativ können Sie natürlich auch ganz klassisch ein Holzstäbchen in den Kuchen stecken und prüfen, ob Teig am Stäbchen kleben bleibt. Diese Methode ist jedoch gerade bei Kuchen mit vielen Früchten im Teig nicht ganz zuverlässig.

Geeignete
BACKFORMEN
und Verpackungen

Wer seinen Grill wirklich gut kennt und im Griff hat, kann grundsätzlich Backformen aller Art verwenden. Wir empfehlen jedoch Backformen aus Metall oder Steingut, welche hitzebeständiger sind als Silikonformen. Während beschichtete Metallformen und Formen aus Steingut sich meist für Temperaturen von bis zu 250–300 °C eignen (Angaben des Herstellers beachten!), hält Gusseisen Temperaturen aus, die mit einem Grill gar nicht zu erreichen sind. Diese Formen sollten Sie vor dem Befüllen mit Teig immer gut einfetten.

Da der Kuchen beim direkten Grillen starker Unterhitze ausgesetzt ist, ist es notwendig, das Grillgut regelmäßig zu wenden. Um den Kuchen vor zu starker Hitze zu schützen, wickeln Sie ihn in Alufolie ein. Die Alufolie hält den Kuchen gleichzeitig in Form und macht „das Päckchen" gut handhabbar.

Formbare Teige verpacken

Die Methode des Einpackens bietet sich vor allem bei festen Teigen, wie Cookie- oder Hefeteig, an. Fetten Sie die Alufolie an den Stellen, wo sich Teig und Folie berühren, vorher etwas ein (alternativ können Sie das Backgut auch bemehlen) und packen Sie wie unten zu sehen ein kleines Päckchen.

Flüssige Teige verpacken

Um flüssige Teige in Form zu bringen, legen Sie einen Dessertring aus Edelstahl auf ein gefettetes Stück Alufolie, füllen den Ring mit Teig und wickeln die Folie zu einem Bündel zusammen. Die Kanten durch zusammendrücken fest verschließen, damit der Teig beim Wenden nicht herausläuft.

Bei Teigen, die besonders leicht kleben bleiben, können Sie anstatt des Einfettens auch Backpapier auf die Alufolie legen. Hier ist jedoch zu beachten, dass dieses meist nur Temperaturen von 230–250 °C standhält (Angaben auf der Verpackung beachten) und sich nicht so gut mit der Alufolie mitformen lässt.

Die richtige
Back- und
Grillausrüstung

Greifen Sie zur Vorbereitung bzw. zum Anrühren der Teige auf gängige Backutensilien zurück. Für die meisten Rezepte ist nicht viel notwendig: eine Schüssel zum Teiganrühren, ein Messer und ein Brett zum Schneiden von Obst oder Hacken von Nüssen und eine Waage zum Abwiegen der Zutaten. Praktisch sind außerdem eine Küchenmaschine oder ein Handrührer sowie ein Teigschaber, um auch den letzten Rest aus der Schüssel zu kratzen.

Wertvolle Helfer am Grill

Alles, was in der Nähe des Grills zum Einsatz kommt, sollte hitzebeständig sein. Neben feuerfesten Backformen benötigen Sie in jedem Fall eine Zange oder einen Pfannenwender, ggf. einen Metallspieß und Handschuhe oder Topflappen. Für Zange, Pfannenwender und Spieß gilt: Sie sollten möglichst lang sein, damit die Hände weit vom Grill wegbleiben, vollständig aus Metall bestehen und natürlich angenehm in der Hand liegen. Spieße sollten außerdem im Querschnitt nicht rund sein, damit das Grillgut

nicht „durchdrehen" kann. Um die Hände bestmöglich vor Hitze zu schützen, empfehlen wir, mit langen Handschuhen aus dickem Stoff zu arbeiten, da dieser, wenn es doch einmal zu heiß werden sollte, im Gegensatz zu Kunststoffen nur schwarz anbrennt und nicht schmilzt.

Die richtige Temperatur

Um beim Backen stets die Temperaturverhältnisse im Auge zu behalten, ist es ratsam, mit einem Thermometer zu arbeiten. Als Thermometer eignet sich jedes Stechthermometer, welches eine ausreichende Skala bis über 100 °C hat. Besonders elegant sind Thermometer mit einer separaten Sonde und einem Kabel, bei denen man die Temperatur außerhalb vom Grill ablesen kann, ohne den Deckel zu öffnen.

Zutaten

Für die Rezepte in diesem Buch haben wir versucht, uns auf möglichst einfache Zutaten zu beschränken, die in jedem größeren Supermarkt problemlos zu finden sind. Prinzipiell gilt jedoch: Beste Zutaten sorgen für das beste Ergebnis. Vor allem bei Obst gibt es saisonal sehr große Unterschiede. Mittlerweile kann man zwar auch zum Beispiel im Herbst Erdbeeren kaufen, doch für richtig leckere Erdbeer-Joghurt-Muffins sollten Sie lieber warten, bis diese Saison haben.

Mehl

Bei der Zubereitung der Kuchen spielt der Mehltyp eine nicht unwesentliche Rolle. Wir empfehlen für unsere Rezepte Weizenmehl Typ 405. Dieses Mehl ist besonders fein ausgemahlen, das heißt es enthält besonders wenig Bestandteile der Schale und ist somit recht mineralstoffarm und geschmacksneutral. Vor allem in Hefe- und Rührteigen lässt es sich teilweise jedoch problemlos durch weniger feines Mehl ersetzen. Für ein ähnliches Backergebnis ersetzen Sie bei Verwendung der Weizenmehle Typ 550 oder 1050 maximal die Hälfte der genannten Mehlmenge, bei Verwendung von Vollkorn- oder Roggenmehlen maximal 25 %. Insgesamt nehmen die genannten anderen Mehltypen alle et-was mehr Flüssigkeit auf, deshalb sollten Sie die Mehlmenge in der Summe leicht reduzieren oder etwas mehr Flüssigkeit zugeben. Geschmacklich passen diese Mehlsorten vor allem bei den herzhaften Rezepten, bei den schokolastigen Rezepten sollten Sie ein Mischen wenn möglich eher vermeiden.

Butter

Butter gibt es in den Kategorien Süßrahm, mildgesäuert und Sauerrahm. Wir empfehlen für alle unsere Rezepte Süßrahmbutter. Ist der Butteranteil im Rezept nicht allzu hoch, können Sie zur Not auch auf mildgesäuerte Butter zurückgreifen.

Schokolade

In vielen Rezepten in diesem Buch ist geschmolzene Schokolade mit eingearbeitet. Diese können Sie ganz klassisch in der Küche oder aber auch problemlos auf dem Grill schmelzen. Hierzu entweder einen alten ausgemusterten Topf oder Kochgeschirr aus Guss- oder Schmiedeeisen, das sich bei hohen Temperaturen nicht verzieht, verwenden. Geben Sie die Schokolade in den Topf und lassen Sie sie unter ständigem Rühren schmelzen. Die Schokolade nie unbeaufsichtigt lassen, da sie sehr schnell anbrennt. Alternativ können Sie sich auch ein Wasserbad aufbauen, indem Sie den Topf mit etwas Wasser füllen und eine Metallschüssel mit der Schokolade in das Wasser stellen.

Unterschiedliche Teigsorten

Um die Arbeit am Grill nicht unnötig zu verkomplizieren, ist es natürlich möglich, den Teig vorab vorzubereiten. Hierbei sollten Sie ein paar Dinge beachten:

- Lassen Sie Hefeteige nicht allzu lange gehen. Das merken Sie daran, wenn der Teig anfängt, leicht alkoholisch zu riechen. Bei Raumtemperatur sollte ein Hefeteig maximal vier Stunden stehen. Im Kühlschrank hält er es gut einen Tag aus.

- Backpulver zersetzt sich langsam in Teigen, vor allem, wenn der Teig mit Säuren aus Früchten oder Joghurt angesetzt ist. Wenn Sie einen solchen Teig länger aufbewahren möchten, ist es ratsam, das Backpulver erst kurz vor dem Grillen in den Teig zu rühren.

- Eier sind häufig mit pathogenen Keimen belastet, die sich in rohen Teigen gut vermehren können. Lagern Sie Teige solcher Art deshalb so kurz wie möglich bei Temperaturen über 20 °C und backen Sie den Kuchen zügig aus.

Obst und Gemüse

Manche Obst- und Gemüsesorten besitzen einen großen Wasseranteil und lassen beim Backen entsprechend besonders viel Wasser. Dazu gehören Beeren, sehr reifes Steinobst, Tomaten, Zucchini, Gurken und tiefgefrorene Produkte. Um zu verhindern, dass der Kuchen matschig wird, mischen Sie einfach etwas mehr Mehl oder Stärke in den Teig oder bestäuben das Obst bzw. Gemüse, wenn es einzeln auf den Kuchen gelegt wird, leicht damit.

HINWEIS

Es gibt Zutaten, bei denen bei hohen Temperaturen besondere Vorsicht geboten ist. Behalten Sie Frischkäse, Quark, Honig und Schokolade immer im Auge, da sie alle sehr leicht anbrennen. Wenn Sie diese Zutaten verwenden, sollten Sie sie möglichst nicht direkt grillen oder aber zumindest etwas Teig als „Puffer" verwenden.

Kapitel 1:
FRUCHTIG

Amerikanischer APFELKUCHEN

mit Zimtnote

Zutaten für eine Springform (Ø 26 cm)

TEIG: *230 g Mehl und etwas für die Form • 200 g Butter und etwas für die Form • 1 Ei (M)*
50 g Zucker • 1 Eigelb
FÜLLUNG: *1 kg Äpfel • 2 EL Zitronensaft • 150 g Pekannüsse • 150 g brauner Zucker*
1 EL Mehl • 1 TL Zimt

8 PERSONEN | 40–50 MINUTEN

1 Für den Teig alle Zutaten bis auf das Eigelb in eine Rührschüssel geben und mit der Hand zu einem homogenen Teig verarbeiten. In Frischhaltefolie wickeln und ca. 60 Minuten kaltstellen.

2 Schneiden Sie die Äpfel in grobe Würfel und geben Sie sie in eine große Schüssel. Mit dem Zitronensaft beträufeln, damit die Äpfel nicht braun werden. Hacken Sie die Pekannüsse in grobe Stückchen und geben Sie sie zu den Apfelwürfeln. Dann den braunen Zucker, das Mehl und den Zimt hinzugeben und gut vermischen.

3 Den Teig ausrollen und in zwei Teile teilen. Legen Sie den Boden einer gefetteten und mit Mehl ausgestäubten Form mit einer Teighälfte aus und verteilen Sie die Apfelmischung darauf. Den restlichen Teig in dicke Streifen schneiden und damit ein Gitter über die Äpfel legen.

4 Zum Schluss bestreichen Sie den Kuchen mit dem Eigelb. Für 40–50 Minuten bei ca. 180–200 °C indirekt grillen.

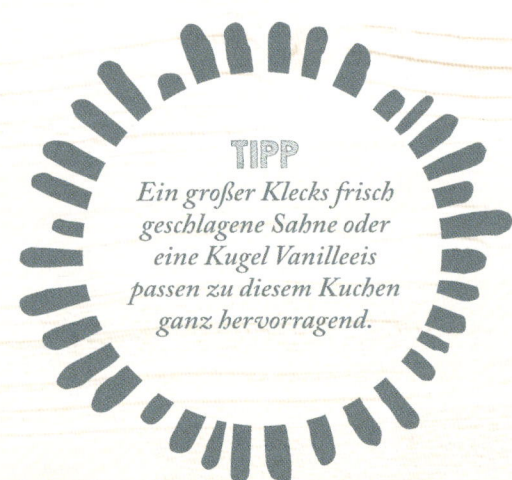

TIPP
Ein großer Klecks frisch geschlagene Sahne oder eine Kugel Vanilleeis passen zu diesem Kuchen ganz hervorragend.

Mojito
TARTE
mit frischer Minze

Zutaten für eine Tarte-Form (Ø 28 cm)

TEIG: *200 g Mehl und etwas für die Form • 100 g Butter und etwas für die Form*
50 g Zucker • 1 Ei (M)
FÜLLUNG: *½ Bund frische Minze • 3 Limetten • 100 g Butter • 50 g Speisestärke*
150 ml Wasser • 200 g Zucker • 4 Eier (M) • 3 EL Cachaça
DEKO: *etwas Puderzucker • ein paar Blätter Minze*

8 PERSONEN | 40–50 MINUTEN

1 Alle Zutaten für den Teig mit der Hand zu einem geschmeidigen Teig verkneten. In Frischhaltefolie wickeln und ca. 30 Minuten kaltstellen.

2 Die Minze grob hacken, von einer Limette die Schale abreiben und die Früchte auspressen.

3 Für die Füllung die Butter in einem Topf schmelzen und die Speisestärke vollständig unterrühren, sodass keine Klümpchen mehr zu sehen sind. Geben Sie das Wasser, den Limettensaft und den Zucker dazu und erhitzen Sie das Ganze, bis sich alles gelöst hat. Nun die Eier in den Topf geben und die Masse unter rühren vorsichtig erhitzen, bis sie fest wird (dies geschieht bei ca. 65 °C). Sobald die Masse

eine puddingartige Konsistenz erreicht hat, die Füllung abkühlen lassen. Dabei rühren Sie die Minze, den Schalenabrieb und den Cachaça unter.

4 Rollen Sie den Teig dick aus und legen Sie ihn in eine gefettete und mit Mehl ausgestäubte Tarteform. Die Füllung darüber gießen, glatt streichen und die Tarte für 40–50 Minuten bei 180–200 °C indirekt grillen.

5 Zum Servieren die Tarte mit etwas Puderzucker bestäuben und mit frischer Minze garnieren.

TIPP
Bei der Minzmenge in diesem Rezept scheiden sich die Geister. Manchen kann es gar nicht genug sein, manchen ist die angegebene Menge zu viel. Wir mögen Minze sehr gerne, im Zweifel können Sie jedoch auch etwas weniger als angegeben verwenden.

Birnen-Quark
KUCHEN
mit Streusel

Zutaten für eine Auflaufform (34 cm x 24 cm)

STREUSELTEIG: 250 g Mehl • ½ Pck. Backpulver • ½ Pck. Vanillezucker • 120 g Zucker
100 g Butter und etwas für die Form • 1 Ei (M)
QUARKMASSE: 400 g Birnen • 2 Eier (M) • 120 g Zucker • 500 g Magerquark
½ Pck. Vanillepuddingpulver • ½ unbehandelte Zitrone • 3 Tropfen Bittermandelöl

1 Alle Zutaten für den Teig in eine Schüssel geben und mit den Händen zu einer bröseligen Masse verkneten.

2 Die Birnen waschen, schälen und in mundgerechte Stücke schneiden. Beiseite stellen.

3 Die Eier für die Quarkmasse trennen und die Eiweiße in einer Rührschüssel zu Eischnee schlagen. Stellen Sie den Eischnee bis zur weiteren Verarbeitung in den Kühlschrank.

4 Schlagen Sie die Eigelbe und den Zucker in einer weiteren Rührschüssel schaumig und geben Sie anschließend den Quark und das Puddingpulver dazu. Den Schalenabrieb und den Saft der Zitrone sowie das Bittermandelöl hinzufügen und alles zu einer glatten Masse verrühren. Zuletzt den Eischnee vorsichtig unter die Masse heben.

8 PERSONEN · **45–55 MINUTEN**

5 Die Auflaufform mit Butter einfetten und zwei Drittel des Teiges auf dem Boden der Form ausrollen. Die Quarkmasse gleichmäßig auf den Teig streichen und die Birnenwürfel darauf verteilen. Krümeln Sie den restlichen Teig als Streusel darüber und grillen Sie den Kuchen 45–55 Minuten indirekt bei 180–200 °C.

TIPP

Für die Zubereitung dieses Kuchens können Sie auch andere Früchte verwenden. Es eignen sich alle Obstsorten, die beim Erhitzen wenig Wasser verlieren.

Joghurt MUFFINS

mit Erdbeeren

Zutaten für 12 Muffins

TEIG: *150 g Erdbeeren • 2 Eier (M) • 100 g Zucker • 250 g Mehl • 1 Pck. Backpulver 200 g Joghurt (1,5 % Fett) • 50 g Butter • 1 Pck. Vanillezucker • 12 Muffinförmchen*
DEKO: *50 g weiße Schokolade • 6 Erdbeeren*

1 Die Erdbeeren waschen, in kleine Würfel schneiden und beiseite stellen. Die Eier und den Zucker mit dem Handrührgerät schaumig schlagen.

2 Geben Sie das Mehl, das Backpulver, den Joghurt, die Butter und den Vanillezucker hinzu und verarbeiten Sie alles zu einem homogenen Teig.

6-12 PERSONEN | 25-30 MINUTEN

3 Die Erdbeerwürfel vorsichtig unterheben und den Teig in ein mit Papierförmchen ausgelegtes Muffinblech geben. Die Muffins 25–30 Minuten bei 180–200 °C indirekt grillen.

4 Lassen Sie die Muffins auskühlen, bevor Sie mit dem Dekorieren beginnen. Die weiße Schokolade im Wasserbad schmelzen und auf jeden Muffin einen Klecks Schokolade geben. Zuletzt eine halbierte Erdbeere auf den Klecks legen.

TIPP

Wem der Joghurtgeschmack zu schwach ist, kann diesen intensivieren und 500 g Joghurt verwenden. Hierzu ein Sieb mit einem sauberen Geschirrtuch auslegen, den Joghurt hineingeben und im Kühlschrank über Nacht abtropfen lassen, damit der Teig nicht zu flüssig wird.

Zucchini-Kokos KUCHEN
im Maracujamantel

Zutaten für eine Springform (Ø 20 cm)

TEIG: *180 g Mehl • 80 ml Milch • 130 g Zucker • 3 Eier (M) • 1 Pck. Backpulver • 100 g Zucchini 150 g Kokosraspel • etwas Butter für die Form*

DEKO: *250 ml Maracujanektar • 3 EL Stärke • 3 EL Zucker • Zucchini- und Kokosraspel*

1 Das Mehl, die Milch, den Zucker, die Eier und das Backpulver in einer Rührschüssel zu einem homogenen Teig verrühren.

2 Die Zucchini mithilfe einer Reibe grob raspeln und anschließend gemeinsam mit den Kokosraspeln unter den Teig heben. Die Masse in eine gefettete Springform geben.

8 PERSONEN · 35–40 MINUTEN

3 Grillen Sie den Kuchen bei indirekter Hitze 35–40 Minuten bei 180–200 °C.

4 Für die Verzierung 50 ml des Maracujanektars in eine kleine Schüssel oder Tasse geben und mit der Stärke und dem Zucker gut vermengen, sodass keine Klümpchen mehr sichtbar sind. Kochen Sie den restlichen Nektar in einem Topf kurz auf und geben Sie die angerührte Maracujastärke hinzu. Alles mit einem Schneebesen so lange verrühren, bis die Mischung anfängt einzudicken. Den Guss heiß über den Kuchen gießen, mit Zucchini- und Kokosraspeln dekorieren und auskühlen lassen.

TIPP
Dieser Kuchen lässt sich ganz hervorragend mit gegrillter Ananas kombinieren. Schneiden Sie hierzu einfach ca. 1 cm dicke Scheiben von einer frischen Ananas und grillen Sie diese bei direkter Hitze kurz auf beiden Seiten.

Mohn-Mango
MUFFINS
mit fruchtigem Topping

Zutaten für 12 Muffins

TEIG: *170 g Mehl • 80 ml Milch • 130 g Zucker • 3 Eier (M) • 1 Pck. Backpulver • 100 g Mango 100 g Mohn, gemahlen • 50 g Mandeln, gemahlen • 2 EL Zitronensaft • 12 Muffinförmchen*
DEKO: *100 g Mango • 100 g Sahne*

1   Das Mehl, die Milch, den Zucker, die Eier und das Backpulver in eine Schüssel geben und alles zu einem glatten Teig verrühren.

6-12 PERSONEN   **25-30 MINUTEN**

2   Schneiden Sie die Mango in ca. 3 mm große Würfel. Die Mango, den Mohn, die Mandeln und den Zitronensaft zu dem Teig geben und vorsichtig mit einem Teigschaber unterheben.

3   Den Teig in ein mit Papierförmchen ausgelegtes Muffinblech geben und die Muffins 25–30 Minuten bei 180–200 °C indirekt grillen. Auskühlen lassen.

4   Für die Verzierung die Mango fein pürieren und die Sahne steif schlagen. Heben Sie das Mangopüree vorsichtig unter die Sahne und setzen Sie auf jeden Muffin einen Klecks Mangosahne.

TIPP

Falls Sie Mohn im Supermarkt nur ungemahlen finden, lässt sich dieser prima mit einer einfachen Kaffeemühle mahlen.

Karotten-Haselnuss
GUGELHUPF
auf saftigem Orangenbett

Zutaten für eine Gugelhupfform (Ø 24 cm)

TEIG: *200 g Mehl und etwas für die Form • 110 ml Milch • 150 g Zucker • 4 Eier (M)*
1 Pck. Backpulver • 150 g Karotten • 180 g Haselnüsse, gemahlen • 1 Prise Zimt
etwas Butter für die Form
DEKO: *3 Orangen • 50 ml Weinbrand • Puderzucker*

8 PERSONEN — **35–45 MINUTEN**

1 Verrühren Sie das Mehl, die Milch, den Zucker, die Eier und das Backpulver in einer Rührschüssel zu einem geschmeidigen Teig.

2 Die Karotten mit einer Reibe fein raspeln. Dann die Karotten, die Haselnüsse und den Zimt unter den Teig rühren und die Masse in eine gefettete und mit Mehl ausgestäubte Form geben. Den Gugelhupf bei indirekter Hitze 35–45 Minuten bei 180–200 °C grillen. Auskühlen lassen.

3 Zum Servieren die Orangen schälen und mit einem scharfen Messer filetieren. Die Orangenfilets mit dem Weinbrand in eine gusseiserne Pfanne geben und auf dem Grill flambieren.

4 Den Kuchen aufschneiden, mit Puderzucker bestäuben und je ein Stück auf ein Orangenbett setzen.

TIPP

Damit auch Kinder in den Genuss dieses leckeren Rezepts kommen, können Sie den Kuchen auch mit einem Orangen-Apfel-Kompott servieren. Hierfür vier Äpfel und zwei Orangen schälen, kleinschneiden und das Obst mit 50 g Zucker und 50 ml Apfelsaft zu einem Kompott einkochen.

Rhabarber-Cashew
MUFFINS
mit Kompott

Zutaten für 12 Muffins

TEIG: *100 g Rhabarber • 150 g Cashewkerne • 170 g Mehl • 80 ml Milch • 130 g Zucker 3 Eier (M) • 1 Pck. Backpulver • 12 Muffinförmchen*
DEKO: *200 g Rhabarber • 50 g Zucker • 200 g Sahne*

6-12 PERSONEN

25-30 MINUTEN

4 Für die Deko den Rhabarber in sehr feine Stücke schneiden und diese mit dem Zucker kurz aufkochen, sodass ein Kompott entsteht. Schlagen Sie die Sahne steif und garnieren Sie die Muffins mit einem kleinen Klecks. Mit dem Kompott und den Cashewkernen garnieren.

1 Den Rhabarber waschen, putzen und in 3 mm große Würfel schneiden. Anschließend die Cashewkerne sehr fein hacken oder mahlen und beide Zutaten beiseite stellen.

2 Für den Teig die restlichen Zutaten in eine Schüssel geben und zu einer homogenen Masse verrühren.

3 Geben Sie die Rhabarberwürfel und die Cashewkerne in den Teig und rühren Sie sie gleichmäßig unter. Die Masse in ein mit Papierförmchen ausgelegtes Muffinblech geben und die Muffins 25–30 Minuten bei 180–200 °C indirekt grillen.

TIPP
Falls die Rhabarberzeit schon vorbei sein sollte, können Sie dieses Rezept auch mit Stachelbeeren oder Kiwi zubereiten.

Macadamia-Aprikosen
KUCHEN
in klassischer Form

Zutaten für eine Kastenform

TEIG: *150 g getrocknete Aprikosen • 200 g Macadamianüsse • 250 g Mehl und etwas für die Form 170 ml Milch • 170 g Zucker • 5 Eier (M) • 1 Pck. Backpulver • etwas Butter für die Form*
DEKO: *2 EL Zitronensaft • 100 g Puderzucker • 1–2 getrocknete Aprikosen*

1 Schneiden Sie die getrockneten Aprikosen in ca. 2 mm große Würfel. Danach die Macadamianüsse sehr fein hacken.

2 Geben Sie das Mehl, die Milch, den Zucker, die Eier und das Backpulver in eine Rührschüssel und verrühren Sie alles zu einer homogenen Masse.

10 PERSONEN · **35–45 MINUTEN**

3 Die Aprikosenwürfel und Macadamianüsse unterrühren und den Teig in eine gefettete und mit Mehl ausgestäubte Kastenform geben. Grillen Sie den Kuchen bei indirekter Hitze 35–45 Minuten bei 180–200 °C.

TIPP

Im Gegensatz zu vielen anderen Nüssen, lassen sich Macadamianüsse nicht gut mahlen, da sie sehr schnell Öl verlieren. Hacken Sie die Nüsse deshalb immer mit dem Messer. Macadamias gibt es im Supermarkt häufig nur gesalzen zu kaufen. Das macht jedoch gar nichts. Entfernen Sie das Salz weitestgehend, die letzte, an den Nüssen haften bleibende Prise Salz passt hervorragend zu dem insgesamt sehr süßen Kuchen.

4 Für die Dekoration den Zitronensaft und den Puderzucker zu einem zähen Zuckerguss vermischen und gleichmäßig über dem Kuchen verteilen. Die Kuchenmitte mit kleinen Aprikosenstückchen verzieren.

Exotische
COOKIES
mit Piña Colada-Geschmack

Zutaten für 4 Cookies

TEIG: *230 g Mehl • 100 g Zucker • 110 g Butter und etwas für die Alufolie • 1 Ei (M) • 1 Prise Salz 1 Pck. Vanillezucker • 1 TL Backpulver*

TOPPING: *4 Scheiben Ananas (ca. 1–1,5 cm dick) • 75 g weiße Schokolade • 2 EL Kokosraspel*

1 Die Zutaten für den Keksteig in eine Schüssel geben und mit den Händen zu einem geschmeidigen Teig verkneten. In Frischhaltefolie wickeln und für ca. 60 Minuten im Kühlschrank ruhen lassen.

4 PERSONEN · 8–12 MINUTEN

2 Teilen Sie den Teig in vier gleich große Stücke und formen Sie diese zu je einem runden Keks. Der Durchmesser sollte etwas größer als die Ananasscheibe sein. Die Alufolie einfetten und die Kekse darin einpacken. Zusammen mit den Ananasscheiben bei direkter Hitze (ca. 250 °C) auf den Grill legen. Die Kekse 8–12 Minuten grillen, dabei mehrmals wenden. Sie sind fertig, wenn sich die Alufolie aufbläht. Die Ananas so lange grillen, bis die gewünschte Bräune erreicht ist.

3 Die Schokolade in einem heißen Wasserbad schmelzen. Geben Sie jeweils einen Teelöffel geschmolzene Schokolade auf die Kekse und betten Sie die gegrillte Ananas darauf. Auskühlen lassen.

4 Zum Schluss die restliche Schokolade nach Belieben über die Cookies träufeln und Kokosraspeln darüberstreuen. Wer keine weiße Schokolade mag, kann natürlich auch Vollmilch- oder Zartbitterschokolade verwenden.

TIPP
Für einen ganz besonderen Effekt beim Servieren können Sie einen Esslöffel Strohrum in die Mitte der Ananas geben und diesen anzünden.

Apfel
FLAMMKUCHEN
mit Rosmarin

Zutaten für 4–6 kleine Flammkuchen

TEIG: *250 g Mehl und etwas zum Ausrollen • 50 ml Öl • 125 ml Wasser*
1 Prise Zucker • 1 Prise Salz
BELAG: *4 Äpfel • 1 Zweig Rosmarin • 2 Becher Crème Fraîche • 100 g Zucker-Zimt*

4–6 PERSONEN · **10 MINUTEN**

1 Alle Zutaten zu einem glatten Teig verkneten und diesen anschließend in Frischhaltefolie verpackt ca. 15 Minuten ruhen lassen.

2 Währenddessen die Äpfel waschen, mithilfe eines Apfelausstechers entkernen und in dünne Ringe schneiden. Entfernen Sie die Nadeln des Rosmarins vom Zweig und hacken Sie sie mit einem Messer fein.

3 Teilen Sie den Teig in vier bis sechs Portionen und rollen Sie ihn mit einem Nudelholz dünn aus. Die Crème Fraîche nun gleichmäßig auf den Böden verteilen und etwas Zucker-Zimt darüberstreuen. Dann die Apfelringe auf den Flammkuchen legen und ebenfalls mit Zucker-Zimt sowie etwas Rosmarin bestreuen.

4 Schneiden Sie je ein Stück Backpapier in der Größe der Flammkuchen zurecht und legen Sie das Papier auf Alufolie. Letztere sollte an jeder Seite ca. 20 cm größer als der Flammkuchen sein. Die überstehende Alufolie nach oben falten und zusammendrücken, sodass eine Art Glocke über dem Flammkuchen entsteht. Das Ganze bei direkter Hitze (ca. 250 °C) ca. 10 Minuten grillen, bis der Boden knusprig ist.

TIPP

Wenn Sie einen Pizzastein besitzen, können Sie diesen hervorragend für die Zubereitung des Flammkuchens verwenden. Legen Sie den belegten Flammkuchen direkt auf den Stein. Die Grillzeit verkürzt sich dabei um ca. 6–8 Minuten.

Apple
CRUMBLE
mit Zimt

Zutaten für 4 Auflaufförmchen (Ø 10 cm)

FÜLLUNG: *500 g Äpfel • 2 EL Zucker-Zimt • 2 EL Zitronensaft • etwas Butter für die Förmchen*
STREUSEL: *100 g Zucker • 100 g Butter • 150 g Mehl*

4 PERSONEN | **15-25 MINUTEN**

4 Die Auflaufform auf den Grill stellen und ein großes Stück Alufolie locker darüber legen. Nicht komplett verschließen.

5 Bei 150–200 °C Hitze 15–25 Minuten direkt grillen.

1 Die kleinen Auflaufförmchen mit etwas Butter einfetten.

2 Für die Füllung die Äpfel entkernen, in kleine Stücke schneiden und in den Förmchen verteilen. Die Äpfel mit Zucker und Zimt bestreuen und mit dem Zitronensaft beträufeln.

3 Für die Streusel Zucker, Butter und Mehl verkneten und über die Äpfel krümeln.

TIPP
Die Größe der Auflaufform macht viel aus: Je größer sie ist, und somit der Apple Crumble flacher, desto schneller gart er. Dieses Rezept ist zum Grillen also dann ideal, wenn der Grill nicht mehr ganz so heiß ist.

Leckerer
BAUMKUCHEN
am Spieß

Zutaten für 8 kleine oder 4 große Spieße

TEIG: *250 g Butter • 150 g Marzipan • 6 Eier (M) • 250 g Zucker • 200 g Mehl • 50 g Stärke 15 g Backpulver • 2 Tropfen Bittermandelaroma • 4 Äpfel*

4-8 PERSONEN

30-40 MINUTEN

I Erwärmen Sie die Butter und das Marzipan zusammen in einer Schüssel. Das Marzipan löst sich hierbei nicht vollständig auf, es lässt sich später jedoch besser in den Teig einarbeiten.

2 Die Eier trennen und die Eiweiße steif schlagen.

3 Für den Teig die Eigelbe mit dem Zucker, dem Mehl, der Stärke, dem Backpulver, dem Bittermandelaroma und dem Butter-Marzipangemisch verrühren. Anschließend den Eischnee vorsichtig unterheben.

4 Die Äpfel vierteln und die Kerne entfernen. Wenn Sie kleine Baumkuchen grillen möchten, stecken Sie nun jeweils zwei Apfelstücke auf einen langen Metallspieß, für die großen Baumkuchen jeweils vier Viertel.

5 Die aufgespießten Äpfel in den Teig tauchen. Etwas abtropfen lassen, sodass eine dünne Schicht um die Äpfel haften bleibt.

6 Den Spieß bei höchster Hitze ca. 5 Minuten direkt grillen, bis der Teig gleichmäßig braun ist. Dabei immer drehen. Tauchen Sie den Spieß anschließend erneut in die Teigschüssel und wiederholen Sie das Ganze mehrmals, sodass sich die für Baumkuchen typischen Schichten ergeben.

TIPP

*Verwenden Sie zum Anrüh-
ren des Teiges idealerweise
gleich eine Schüssel aus
Metall. So laufen Sie nicht
Gefahr, beim Eintauchen des
sehr heißen Spießes in den
Teig Kerben in die Schüssel
zu schmelzen.*

Banana-Honey
POPS
in Honig getränkt

Zutaten für 8 Dessertringe (4 x 4 cm)

TEIG: *150 g Mehl • 80 g Honig • 100 g Butter und etwas für die Alufolie*
2 Eier (M) • ½ Pck. Backpulver • 2 Bananen
DEKO: *50 g Honig • 8 Holzspieße*

1 Verrühren Sie das Mehl, den Honig, die Butter, die Eier und das Backpulver zu einer homogenen Masse.

2 Die Bananen in kleine Würfel schneiden.

3 Fetten Sie acht große Alufolienstücke so ein, dass die gefettete Fläche der Größe der quadratischen Dessertringe entspricht. Die Dessertringe darauf stellen und ca. 1–2 cm hoch Teig hineingießen. Die Bananenwürfel darauf legen und das Obst mit Teig bedecken. Achten Sie beim Füllen darauf, dass die Masse knapp unterhalb des Ringrandes abschließt. Nun die gegenüberliegende Seite der Alufolie einfetten und alles zu einem Päckchen zusammenfalten.

4 Die kleinen Kuchen bei direkter Hitze ca. 10–15 Minuten unter häufigem Wenden gril-

len. Sobald sich die Päckchen nach oben und unten hin leicht aufblähen, sind die Kuchen fertig.

5 Die Päckchen öffnen und die Pops aus den Ringen herauslösen. Lassen Sie die Kuchen etwas abkühlen und stecken Sie sie anschließend auf einen Holzspieß. Zuletzt die Pops mit Honig beträufeln.

8 PERSONEN | **10-15 MINUTEN**

TIPP
Teige mit Honig werden sehr schnell braun, weswegen Sie beim Grillen gut aufpassen und die Pops oft wenden sollten.

Blätterteig
KÖRBCHEN
mit Obstsalat und Sahne

Zutaten für 4–6 Körbchen

KÖRBCHEN: *1 Pck. Blätterteig*
OBSTSALAT: *500 g gemischtes frisches Obst • 1 EL Honig • 1 Zitrone*
DEKO: *250 g Sahne*

4–6 PERSONEN | **10 MINUTEN**

4 Die Sahne steif schlagen. Dann die Blätterteigkörbchen mit dem Obstsalat füllen und einen Klecks Sahne darauf geben. Zügig servieren, damit der Teig nicht aufweicht.

1 Das Obst in Stücke schneiden und in einer Schüssel mit dem Honig und dem Saft einer Zitrone vermengen.

2 Schneiden Sie den Blätterteig in Quadrate und legen Sie diese über die Ausbuchtungen eines umgedrehten Muffinblechs, sodass sich kleine Schalen ergeben.

3 Das Muffinblech mit dem Blätterteig obenauf auf den Grill stellen und bei niedriger Hitze etwa 10 Minuten direkt grillen. Auskühlen lassen.

TIPP
Dieses Rezept ist zwar sehr simpel, doch beim Grillen von Blätterteig ist Vorsicht geboten, da er sehr schnell anbrennt. Bleiben Sie beim Backen deshalb lieber neben dem Grill stehen. Falls die Oberseite des Blätterteigs noch nicht ganz gar ist, die Körbchen vom Blech herunternehmen und mit einer Zange kurz über den Grill halten, um sie auch von unten zu grillen.

Ingwer-Zitronen
COOKIES

fruchtig frisch

Zutaten für 10—12 Cookies

TEIG: 110 g Butter • 100 g Zucker • 230 g Mehl • 1 Ei (M) • 1 Prise Salz • 1 Pck. Vanillezucker
1 Zitrone (Saft + Schalenabrieb) • 30 g Ingwer, gerieben • 1 TL Backpulver

 **6 PERSONEN**   **8-12 MINUTEN**

1 Alle Zutaten in eine Schüssel geben und mit den Händen zu einem geschmeidigen Teig verarbeiten. Den Teig anschließend in Frischhaltefolie wickeln und für ca. 60 Minuten im Kühlschrank ruhen lassen.

2 Teilen Sie den Teig in 10-12 gleich große Portionen, rollen Sie ihn aus und stechen Sie mithilfe eines Dessertringes Kekse aus. Die Kekse in gefettete Alufolie einpacken und bei direkter Hitze bei ca. 250 °C auf den Grill legen. Die Cookies unter mehrmaligem Wenden ca. 8–12 Minuten grillen. Sie sind fertig, wenn sich die Alufolie aufbläht.

TIPP
Wer keinen frischen Ingwer mag, kann auch die doppelte Menge kandierten oder eingelegten (Sushi) Ingwer nehmen und diesen klein hacken und zum Teig geben.

Kapitel 2:
SCHOKOLADIG

Schoko-Kirsch
KUCHEN
mit Schuss

Zutaten für eine Springform (Ø 26 cm)

TEIG: *150 g dunkle Blockschokolade • 160 g Butter und etwas für die Form*
1 Glas Schattenmorellen • 100 g Mehl und etwas für die Form • 150 g Zucker • 4 Eier (M)
1 TL Zimt • 125 g Mandeln, gemahlen • 1 TL Backpulver • 2 EL Rum
DEKO: *200 g dunkle Blockschokolade • 100 g Schokoraspel • 150 g frische Kirschen*

1   Die Schokolade und die Butter für die Herstellung des Teiges im Wasserbad schmelzen. Die Kirschen in einem Sieb abtropfen lassen.

2   Die flüssige Schokoladen-Butter-Mischung mit den restlichen Teigzutaten mischen und zu einem glatten Teig verrühren.

3   Geben Sie den Teig in eine gefettete und mit Mehl ausgestäubte Springform und verteilen Sie die Kirschen gleichmäßig darauf.

4   Den Kuchen bei 180–200 °C ca. 50–60 Minuten indirekt grillen. Lassen Sie den Kuchen vor dem Öffnen der Springform gut auskühlen.

8 PERSONEN — **50–60 MINUTEN**

5   Zuletzt den Kirschkuchen mit geschmolzener Blockschokolade glasieren. Sobald die Schokolade etwas abgekühlt ist, nach Belieben mit frischen Kirschen verzieren und die Schokoraspel darauf verteilen.

TIPP
Neben Kirschen eignen sich für diesen Kuchen auch andere leicht säuerliche Früchte, wie beispielsweise Johannisbeeren.

BBQ
BROWNIES
mit Karamellsauce

Zutaten für ein Brownieblech (25 x 25 cm)

TEIG: *300 g Zartbitterschokolade • 200 g Butter und etwas für die Form • 200 g Walnüsse*
130 g Mehl • 150 g Zucker • 3 Eier (M) • 150 ml Ahornsirup • 1 Prise Salz • 1 Pck. Vanillezucker
SAUCE: *50 g Butter • 100 g brauner Zucker • 75 g Sahne*

 PERSONEN   30–40 MINUTEN

1 Die Schokolade und die Butter für den Teig im Wasserbad schmelzen. Währenddessen die Walnüsse grob hacken.

2 Geben Sie die restlichen Teigzutaten zusammen mit der geschmolzenen Schokoladen-Butter-Mischung in eine Rührschüssel und verrühren Sie alles zu einem glatten Teig.

3 Die gehackten Walnüsse mit einem Teigschaber unterheben und den Teig in ein gefettetes Brownieblech geben.

4 Die Brownies bei 180–200 °C ca. 30–40 Minuten indirekt grillen. Auskühlen lassen.

5 Für die Karamellsauce die Butter, den Zucker und die Sahne in eine hitzebeständige Schüssel geben und unter ständigem Rühren bei direkter Hitze erwärmen, bis sich alles aufgelöst hat. Kurz einkochen lassen, bis die Sauce dickflüssig wird und mit den Brownies servieren.

TIPP
Als Beilage zu den Brownies eignet sich neben der Karamellsauce auch eine fruchtige Sauce, wie beispielsweise Erdbeersauce (siehe Seite 70).

TIPP

Wenn Sie vermeiden möchten, dass der Lava Cake bereits beim Stürzen und nicht erst beim ersten Kosten aufplatzt, können Sie das Küchlein auch in der Form servieren.

Feuriger
LAVA CAKE
an fruchtiger Himbeersauce

Zutaten für 4–6 Lava Cakes

TEIG: *180 g Zartbitterschokolade • 150 g Butter und etwas für die Förmchen • 80 g Mehl 160 g Zucker • 4 Eier (M) • 1 Pck. Vanillezucker*
DEKO: *150 g Himbeeren • 50 g Zucker • ½ Limette • 2 EL Puderzucker*

1 Die Schokolade und die Butter im Wasserbad schmelzen und verrühren.

2 Geben Sie die restlichen Teigzutaten sowie die Schokoladen-Butter-Mischung in eine Rührschüssel und verrühren Sie alles zu einer glatten Masse.

3 Die Himbeeren mit dem Zucker, dem Saft und dem Abrieb der Limette pürieren und in einem Topf kurz aufkochen lassen.

4 Füllen Sie den Teig in eine temperaturbeständige, kleine, gut eingefettete Form zu etwa zwei Dritteln. Eine Aluschüssel als Deckel über die Backform legen und den Kuchen bei direkter Hitze bei 200–250 °C so lange backen, bis

4–6 PERSONEN

8–15 MINUTEN

er beginnt, im oberen Bereich fest zu werden. Dies ist wesentlich von der Backform abhängig und kann zwischen 8 und 15 Minuten dauern.

5 Den Lava Cake heiß auf einen Teller stürzen und mit der Himbeersauce und etwas Puderzucker garnieren.

Hafer Chocolate Chip
COOKIES
mit gegrilltem Obstsalat

Zutaten für 10–12 Cookies

TEIG: *270 g Mehl • 130 g Zucker • 2 Eier (M) • 170 g Butter • 1 Pck. Vanillezucker • 130 g brauner Zucker 1 Prise Salz • 1 Pck. Backpulver • 150 g dunkle Schokotropfen • 75 g Haferflocken*

OBSTSALAT: *300 g Ananas • 300 g Mango • 300 g Wassermelone • 300 g Banane 100 g Mandeln, gemahlen • 200 ml Orangensaft • 1 Pck. Vanillezucker*

5–6 PERSONEN

8–12 MINUTEN

1 Geben Sie alle Teigzutaten in eine Schüssel und verkneten Sie das Ganze mit den Händen zu einem geschmeidigen Teig. In Frischhaltefolie wickeln und für ca. 60 Minuten kalt stellen.

2 Die Mango, die Ananas und die Wassermelone in 1 cm dicke Scheiben schneiden. Dann die Banane in mundgerechte Stücke würfeln und mit den Mandeln in eine große Schüssel geben. Für das „Dressing" den Orangensaft und den Vanillezucker in einem Becher verrühren.

3 Nun die Fruchtscheiben bei starker direkter Hitze (250–300 °C) grillen, abkühlen lassen und anschließend ebenfalls in mundgerechte Würfel schneiden. Zu den Bananenwürfeln und Mandeln geben und mit dem Dressing vermengen. Den Obstsalat bis zum Servieren kalt stellen und durchziehen lassen.

4 Den abgekühlten Keksteig zu golfballgroßen Kugeln formen und flachdrücken. Die Cookies einzeln in gefettete Alufolie einwickeln und bei direkter Hitze (200–250 °C) unter mehrmaligem Wenden 8–12 Minuten grillen. Sobald sich die Alupäckchen etwas aufblähen, sind die Cookies fertig.

5 Die Cookies mit einer Portion Obstsalat servieren und genießen.

TIPP

Wer keinen Hafer mag oder verträgt, kann diesen durch Nüsse ersetzen.

S'mores Chocolate
CHEESECAKE
typisch amerikanisch

Zutaten für eine Springform (Ø 26 cm)

BODEN: *200 g Butterkekse • 100 g Butter und etwas für die Form • 30 g Zucker*

MASSE: *600 g Frischkäse (Doppelrahmstufe) • 150 g saure Sahne • 175 g Zucker • 2 Pck. Vanillezucker*
4 Eier (M) • 30 g Mehl • 60 ml Milch • 30 g Kakaopulver • 150 g dunkle Blockschokolade

TOPPING: *½ Tüte Marshmallows*

1 Für den Boden die Butterkekse in einen Gefrierbeutel geben und mithilfe einer Pfanne fein zerbröseln. Die Keksbrösel anschließend in einer Schüssel mit der Butter und dem Zucker von Hand verkneten.

2 Geben Sie alle Zutaten für die Käsekuchenmasse (mit Ausnahme der Blockschokolade) in eine große Rührschüssel und verrühren Sie das Ganze mit dem Rührgerät. Dann die Blockschokolade grob hacken und mit einem Teigschaber unter die Käsemasse heben.

4 Zuletzt die Marshmallows auf dem Kuchen verteilen und diesen für weitere 10 Minuten grillen, bis sie die gewünschte Bräune erreicht haben.

3 Den Teig für den Boden in eine gut gefettete Springform geben, etwas festdrücken und die Käsekuchenmasse darauf verteilen. Den Kuchen bei etwa 180 °C ca. 60 Minuten indirekt grillen, bis die Käsekuchenmasse gestockt ist.

TIPP
Der S'mores Choclate Cheesecake schmeckt lauwarm am besten, solange die Marshmallows noch knusprig sind.

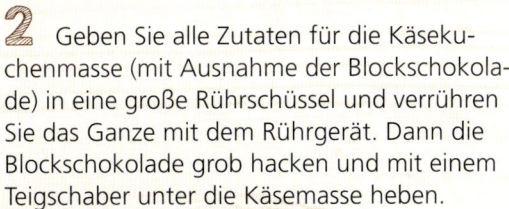

Hefe-Schoko WICKEL
mit Bananen

Zutaten für 4 Spieße

TEIG: *500 g Mehl und etwas zum Ausrollen • 1 Würfel frische Hefe • 100 g Zucker • 1 Prise Salz 250 ml Milch • 50 g Butter*
FÜLLUNG: *150 g Zartbitterschokolade • 200 g Bananen*

1 Das Mehl, die Hefe, den Zucker und das Salz in eine Schüssel geben und gleichmäßig mit einem Löffel vermischen. Die Milch und die Butter in einem Topf erwärmen und zu den restlichen Zutaten hinzufügen. Zu einem Hefeteig mit glatter Oberfläche verkneten und den Teig an einem warmen Ort für ca. 60 Minuten gehen lassen.

2 Nun die Schokolade mit einem Messer grob hacken und die Banane in ca. 0,5 cm große Würfel schneiden.

3 Den Hefeteig in vier gleichgroße Portionen teilen und jede davon mit einem Nudelholz zu einer ca. 15 x 30 cm großen Fläche ausrollen. Verteilen Sie die Schokolade und die Banane in der Mitte. Anschließend den Teig aufrollen und die Enden mit etwas Wasser befeuchten, sodass der Teig zusammenhält.

4 Die Oberfläche der Hefewickel mit etwas Mehl bestäuben und dann um einen Metall-

4 PERSONEN | 15–20 MINUTEN

grillspieß wickeln. Die Spieße gut in Alufolie einpacken und bei direkter Hitze (250 °C) unter häufigem Wenden 15–20 Minuten backen. Die Hefewickel sind fertig, wenn Sie beim Klopfen gegen die Spieße einen hohlen Ton hören. Die Schoko-Bananen-Wickel schmecken am besten, solange sie noch warm sind und die Schokolade flüssig ist.

TIPP
Alternativ zur Banane können Sie die Hefewickel auch mit Nüssen oder einer Mohnmasse füllen.

Fluffige
MARMORTALER
mit Kaffee-Creme

Zutaten für 4–6 Türmchen

TEIG: *200 g Zucker • 3 Eier (M) • 300 g Mehl • 200 g Butter • 200 ml Milch • 1 Pck. Vanillezucker*
1 Pck. Backpulver • 2 EL Kakao • 2 EL Zucker
KAFFEE-CREME: *110 g weiße Schokolade • 120 g Sahne • 3 TL Instant-Kaffeepulver • 120 g Mascarpone*
DEKO: *etwas Puderzucker • 20 g Schokotropfen*

4–6 PERSONEN

5–10 MINUTEN

1 Beginnen Sie mit der Zubereitung der Kaffee-Creme schon einen Tag vorher, da diese über Nacht im Kühlschrank ruhen muss. Hierfür die Schokolade gemeinsam mit der Sahne in einem Wasserbad schmelzen und das Kaffeepulver hinzugeben. Die Mascarpone unterheben und die Creme mit Frischhaltefolie abgedeckt mindestens 8 Stunden lang kalt stellen.

2 Für den Teig den Zucker und die Eier sehr schaumig schlagen, die restlichen Zutaten, bis auf Kakao und Zucker, zugeben und alles zu einem glatten Teig verrühren. Die Hälfte des Teiges in eine separate Schüssel füllen und für die Herstellung des dunklen Teiges den Zucker und den Kakao hinzufügen und verrühren.

3 Ein Stück Backpapier auf Alufolie legen und die beiden Teige löffelweise darauf verteilen. Den Teig mit einem Teigschaber zu einer 1 cm dicken Schicht gleichmäßig verstreichen, sodass ein Marmormuster entsteht.

4 Den Kuchen bei direkter Hitze (ca. 250 °C) ca. 4–6 Minuten grillen, bis der Teig anfängt, am Rand Blasen zu werfen und zu stocken. Legen Sie nun eine zweite Schicht Backpapier und Alufolie darüber und wenden Sie den gesamten Stapel. Erneut 2–3 Minuten grillen. Auskühlen lassen.

5 Mithilfe eines Servierringes oder Glases Kreise aus der Marmorplatte stechen. Dann einen Marmortaler auf den Teller legen und 2–3 Esslöffel Kaffee-Creme daraufflöffeln. Einen zweiten Marmortaler auflegen und noch einmal wiederholen. Mit etwas Puderzucker, einem Klecks Creme und Schokotropfen garnieren.

TIPP
*Wenn Sie keinen
Kaffee mögen, können
Sie anstatt der Creme
auch ein Mousse au
Chocolat als Füllung
verwenden.*

Gegrillte
DONUTS
mit Schokoguss

Zutaten für 8–12 Donuts

TEIG: *500 g Mehl • 1 Würfel frische Hefe • 100 g Zucker • 250 ml Milch • 50 g Butter*
ZUM GRILLEN: *200–300 ml neutrales Pflanzenöl*
DEKO: *150 g Zartbitterkuvertüre*

 **PERSONEN**   **MINUTEN**

4 Die ausgestochenen Donuts zwanzig Sekunden lang ins Öl tauchen, mit Öl aufsaugen und schließlich abtropfen lassen. Die Donuts bei hoher Hitze auf einer Alufolien-Backpapierunterlage etwa 5 Minuten grillen und dabei mehrmals wenden.

1 Für den Donutteig das Mehl, die Hefe und den Zucker vermischen. Die Milch und die Butter in einem Topf erwärmen und den restlichen Zutaten beifügen. Alles zu einem Hefeteig mit glatter Oberfläche verkneten und den Teig an einem warmen Ort ca. 60 Minuten gehen lassen.

5 Mit geschmolzener Kuvertüre überziehen und trocknen lassen.

2 Rollen Sie den Teig ca. 1 cm dick aus und stechen Sie mithilfe eines Wasser- und eines Schnapsglases Donuts aus.

TIPP
Anstatt der Schokoglasur können Sie die Donuts auch mit Zuckerguss überziehen oder ganz schlicht mit Puderzucker bestreuen.

3 Füllen Sie eine kleine Aluschale mit dem Öl und stellen Sie sie neben den Grill.

Schoko-Pflaumen
TARTE
mit Pistazien

Zutaten für eine Tarteform (10 x 35 cm)

TEIG: *250 g Mehl und etwas für die Form • 100 g Zucker • 1 Ei (M)*
130 g Butter und etwas für die Form • 30 g Kakaopulver
FÜLLUNG: *150 g weiße Schokolade • 100 g Sahne • 30 g Butter • 2 Eier (M) • 1 TL Backpulver*
50 g Mehl • 50 g Zucker • 1 Pck. Vanillezucker • 4–5 Pflaumen • 75 g gehackte Pistazien
DEKO: *250 g Sahne • 20 g Zucker • 20 g Kakaopulver*

6-8 PERSONEN | **35-45 MINUTEN**

1 Für den Teig alle Zutaten in eine Schüssel geben und mit den Händen zu einem homogenen Teig verkneten. In Frischhaltefolie einpacken und für 60 Minuten im Kühlschrank ruhen lassen.

2 Die Pflaumen halbieren und den Stein entfernen.

3 Für die Füllung die Schokolade zusammen mit der Sahne und der Butter in einem Wasserbad schmelzen. Dann die Eier, das Backpulver, das Mehl, den Zucker und den Vanillezucker dazugeben und zu einer glatten Masse verrühren.

4 Den noch kühlen Teig 0,5 cm dick ausrollen und in einer gefetteten und mit Mehl ausgestäubten Tarteform auslegen. Gießen Sie die Schokomasse obenauf. Die halbierten Pflaumen mit dem Schnittbild nach oben auf die Schokomasse legen und die Pistazien gleichmäßig darüber verteilen.

5 Die Tarte 35–45 Minuten bei 180–200 °C indirekt grillen. Auskühlen lassen.

6 Zum Schluss die Sahne steif schlagen und den Zucker und den Kakao unterheben. Die Schokosahne zum Kuchen servieren.

TIPP
Anstatt der Pflaumen können Sie auch andere Früchte verwenden. Hierbei eignen sich alle Obstsorten, die beim Erhitzen nur wenig Wasser verlieren.

Erdnuss
BLONDIES
mit roter Haube

Zutaten für ein Brownieblech (25 x 25 cm)

TEIG: *300 g Schokolade • 250 g Butter und etwas für die Form • 150 g Mehl • 4 Eier (M) • 200 g Erdnüsse 150 g Zucker • 150 ml Rübensirup • 1 Prise Salz • 1 Pck. Vanillezucker*
SAUCE: *300 g Erdbeeren (frisch oder tiefgekühlt) • 50 g Zucker • 5 Blätter Basilikum*

 **PERSONEN**
30–40 MINUTEN

4 Für die Sauce die Erdbeeren zusammen mit dem Zucker in einen Topf geben und aufkochen. Anschließend den Basilikum hinzufügen und alles mit einem Mixstab zu einer feinen Sauce pürieren. Die Blondies mit der Sauce servieren

1 Die Schokolade und die Butter im Wasserbad schmelzen. Mit den restlichen Zutaten (bis auf die Erdnüsse) vermengen.

2 Die Erdnüsse grob hacken, in einen Gefrierbeutel geben und mithilfe einer Pfanne zerkleinern. Die Nüsse mit einem Teigschaber unter den Teig heben und diesen auf ein gefettetes Backblech geben.

3 Die Blondies bei indirekter Hitze bei 180–200 °C ungefähr 30–40 Minuten grillen.

TIPP
Eine leckere Alternative zur Erdbeersauce ist ein herrlich süßes Karamell-topping (siehe Seite 54).

Kapitel 3:
HERZHAFT

All-in BURGER

mit versteckten Zutaten

Zutaten für 4 Burger

TEIG: *300 g Mehl • 160 ml Wasser • 1 Würfel frische Hefe • 1 Prise Salz*
FÜLLUNG: *300 g Rinderhackfleisch • Pfeffer • Salz • 1-2 Tomaten*
3-4 Gewürzgurken • 1 Zwiebel • 150 g geriebener Käse

1 Kneten Sie aus dem Mehl, dem Wasser, der Hefe und dem Salz einen glatten Teig und stellen Sie ihn für 60 Minuten an einen warmen Ort.

2 Währenddessen die Füllung vorbereiten. Das Hackfleisch großzügig mit Pfeffer und Salz würzen. Die Tomaten in 1 cm dicke Scheiben und die Gürkchen in feine Streifen schneiden. Anschließend die Zwiebel fein hacken.

3 Rollen Sie den Teig etwa 1 cm dick aus und stechen Sie mithilfe eines Servierringes vier etwa 20 cm große Scheiben aus. Aus dem Hackfleisch kleinere Burgerpatties formen und in die Teigmitte legen. Die gehackten Zwiebeln darauf verteilen, mit einer Tomatenscheibe und Gewürzgurken belegen und den Käse darüber streuen. Anschließend die Seiten des Teiges hochklappen und den Burger verschließen. Hierbei darauf achten, dass die Oberfläche glatt ist und keine Risse aufweist.

4 PERSONEN | 15-20 MINUTEN

4 Die Burger einzeln in eingefettete Alufolie wickeln und bei ca. 230 °C 15–20 Minuten direkt grillen. Dabei gelegentlich wenden.

TIPP

Da der Belag des Burgers hier sicher eingepackt ist, verliert das Fleisch weder Wasser noch Fett und alles bleibt schön saftig. Eine Sauce ist deshalb nicht nötig. Wer auf eine leckere Burgersauce dennoch nicht verzichten möchte, sollte diese vor dem Belegen mit etwas Mehl verrühren, andernfalls wird der Burger sehr matschig.

Holzfäller ZOPF
mit Speck und Röstzwiebeln

Zutaten für 4 Spieße

TEIG: *500 g Mehl und etwas zum Ausrollen • 1 Würfel frische Hefe • 1 Prise Zucker*
1 Prise Salz • 300 ml lauwarmes Wasser
FÜLLUNG: *150 g Speckwürfel • 150 g geriebener Käse • 75 g Röstzwiebeln*

4 PERSONEN | **15-20 MINUTEN**

1 Das Mehl, die Hefe, den Zucker und das Salz in eine Rührschüssel geben und mit einem Löffel gleichmäßig vermengen. Das Wasser hinzufügen und alles ordentlich zu einem Hefeteig mit glatter Oberfläche verkneten. Lassen Sie den Teig an einem warmen Ort ca. 60 Minuten gehen.

2 Teilen Sie den Hefeteig in vier gleichgroße Portionen. Den Teig mit einem Nudelholz zu einer jeweils ungefähr 15 x 30 cm großen Fläche ausrollen und in die Mitte den Speck, den Käse und die Röstzwiebeln legen. Den Teig aufrollen und die Enden mit etwas Wasser befeuchten, sodass der Teig zusammenhält.

3 Bestäuben Sie die Oberfläche der Holzfällerzöpfe mit etwas Mehl und wickeln Sie jeweils einen Teigstrang um einen Metallgrillspieß. In Alufolie einpacken und bei direkter Hitze (ca. 250 °C) unter häufigem Wenden 15–20 Minuten backen, bis beim Klopfen gegen die Spieße ein hohles Geräusch erklingt. Idealerweise warm verzehren, solange der Käse noch geschmolzen ist.

TIPP
Für eine vegetarische Variante können Sie den Speck ganz einfach durch eine andere Käsesorte, Lauch oder Paprika ersetzen.

Würziges FLADENBROT
für orientalisches Flair

Zutaten für 8–12 Brote

TEIG: 500 g Mehl und etwas zum Ausrollen • 1 Würfel frische Hefe • 1 TL Salz • 50 ml Öl
1 TL Koriandersamen, gemahlen • 1 TL Kreuzkümmel, gemahlen • 250 ml lauwarmes Wasser
DEKO: 2 EL Sesam • 2 EL Schwarzkümmel • 1 EL grobes Salz • 1 EL Olivenöl

1 Für den Teig sämtliche Zutaten bis auf das Wasser in eine Rührschüssel geben und mit einem Löffel gleichmäßig vermengen. Das Wasser hinzufügen und alles zu einem Hefeteig mit glatter Oberfläche verkneten. Lassen Sie den Teig an einem warmen Ort ca. 30 Minuten gehen.

2 Unterteilen Sie den Teig in etwa tischtennisballgroße Portionen und bestäuben Sie sie mit etwas Mehl. Rollen Sie die Teigkugeln anschließend sehr dünn aus.

3 Die ausgerollten Fladen mit Sesam, Schwarzkümmel und Salz bestreuen, die Gewürze dabei mit der Hand leicht festdrücken. Dann etwas Olivenöl darüber träufeln.

4 Die Fladen bei hoher Hitze von jeder Seite 1–2 Minuten auf Alufolie direkt grillen, bis sich große Blasen bilden und das Brot gebräunt ist.

4–6 PERSONEN | **1–2 MINUTEN**

TIPP
Die Fladen passen als Beilage gut zu orientalischen und mediterranen Gerichten.

Spinat-Feta
MUFFINS
mit Kräuterfrischkäse-Topping

Zutaten für 12 Muffins

TEIG: *250 g Blattspinat, tiefgekühlt • 300 g Mehl • 150 ml Milch • 75 ml Olivenöl • 2 Eier (M)*
1 Pck. Backpulver • 1 TL Salz • 1 Prise Pfeffer • 1 Knoblauchzehe • 100 g Feta
12 Muffinförmchen
TOPPING: *200 g Kräuterfrischkäse • frische Kräuter (z.B. Petersilie und Schnittlauch)*

 **6 PERSONEN**   **25–30 MINUTEN**

4 Grillen Sie die Muffins bei 180–200 °C ca. 25–30 Minuten bei indirekter Hitze. Die Muffins aus dem Blech herausnehmen und auskühlen lassen.

5 Zum Schluss die Kräuter kleinhacken, mit dem Frischkäse vermengen und die Muffins mit einer kleinen Käsenocke dekorieren.

1 Den Spinat aus dem Gefrierfach holen und auftauen lassen.

2 Für den Teig das Mehl, die Milch, das Öl, die Eier, das Backpulver und Salz und Pfeffer in eine Rührschüssel geben und zu einem glatten Teig verrühren. Dann den Knoblauch sehr fein hacken, zu dem Teig geben und mit einrühren.

3 Den Feta in kleine Würfel schneiden, den aufgetauten Spinat leicht auspressen und mit dem Messer grob hacken. Heben Sie den Käse und den Spinat mit einem Teigschaber unter und geben Sie den Teig in ein mit Papierförmchen ausgelegtes Muffinblech.

TIPP
Wem der Fetageschmack zu kräftig ist, kann stattdessen geriebenen Mozzarella oder Goudawürfel verwenden.

Rote Beete-Räucherlachs
MUFFINS
mit Walnüssen

Zutaten für 12 Muffins

TEIG: *200 g Rote Beete • 150 g Räucherlachs • 75 g Walnüsse • 300 g Mehl • 110 ml Olivenöl 120 ml Wasser • 3 Eier (M) • 1 Pck. Backpulver • 2 TL Salz • 1 Prise Pfeffer 12 Muffinförmchen*

TOPPING: *Dill • 2 EL Honig • 2 EL Senf • 150 g saure Sahne • etwas Salz und Pfeffer*

6 PERSONEN — 25–30 MINUTEN

5 Für den Dipp den Dill mit dem Honig, dem Senf und der sauren Sahne vermengen. Mit Salz und Pfeffer abschmecken und zu den Muffins reichen.

1 Die Rote Beete fein raspeln, den Räucherlachs in mundgerechte Streifen schneiden und die Walnüsse grob hacken.

2 Geben Sie die restlichen Zutaten für den Teig in eine Rührschüssel und verrühren Sie sie zu einer glatten Masse.

3 Heben Sie die Rote Beete, den Lachs und die Nüsse mit einem Teigschaber unter den Teig und füllen Sie ihn in ein mit Papierförmchen ausgelegtes Muffinblech.

4 Die Muffins bei 180–200 °C ca. 25–30 Minuten indirekt grillen. Auskühlen lassen.

TIPP
Für dieses Rezept können Sie sowohl frische als auch gekochte Rote Beete verwenden. Mit der frischen Rübe werden die Muffins jedoch etwas knackiger.

Knofi-Käse
KUGELN
zum Snacken

Zutaten für ca. 15 Kugeln

TEIG: *500 g Mehl • 1 Würfel frische Hefe • 275 ml lauwarmes Wasser • 4 EL Olivenöl*
1 Prise Salz • 1 Prise Zucker
FÜLLUNG: *3 Knoblauchzehen • 1 Kugel Mozzarella • 100 g Emmentaler • 2 Frühlingszwiebeln*
1 Spritzer Zitronensaft • 1 Prise Pfeffer
DEKO: *3 EL Olivenöl • 1 EL getrocknete Kräuter*

1 Für den Teig alle Zutaten zu einem glatten Hefeteig verkneten und diesen abgedeckt 60 Minuten gehen lassen.

2 Die Knoblauchzehen schälen und sehr fein hacken, dann den Mozzarella in kleine Stücke schneiden und den Emmentaler grob reiben. Den Käse und den Knoblauch mit den fein geschnittenen Lauchzwiebeln verkneten und das Ganze mit dem Zitronensaft und dem Pfeffer abschmecken.

3 Den Teig ausrollen und mithilfe eines Glases 10 cm große Kreise ausstechen. Geben Sie je einen gehäuften Esslöffel der Käse-Knoblauch-Füllung in die Mitte und umschließen Sie sie zu einer Kugel. So lange wiederholen, bis kein Teig bzw. keine Füllung mehr übrig ist.

4 Bestreichen Sie die Knofi-Kugeln mit etwas Olivenöl und streuen Sie die Kräuter darüber. Anschließend in Alufolie eingewickelt bei

6-8 PERSONEN • **10-15 MINUTEN**

200–250 °C ca. 10–15 Minuten direkt grillen. Die Alupäckchen dabei gelegentlich drehen. Den Knoblauch-Snack am besten zeitnah servieren, solange die Käsefüllung noch schön flüssig ist.

TIPP

Wenn Sie möchten, können Sie diesen Brotsnack auch in Form von kleinen Taschen servieren. Dafür aus dem ausgerollten Teig große Quadrate schneiden, die Füllung auf eine Seite setzen und den Teig zu einer Tasche falten. Diese Variante benötigt etwa 5 Minuten länger auf dem Grill.

Orientalische
TEIGTASCHEN
pikant gewürzt

Zutaten für 4–6 Taschen

TEIG: *500 g Mehl • 1 Würfel frische Hefe • 275 ml lauwarmes Wasser • 4 EL Olivenöl*
1 Prise Salz • 1 Prise Zucker
FÜLLUNG: *2 Knoblauchzehen • 1 Bund Petersilie • 250 g Rinderhackfleisch • 120 g passierte Tomaten*
2 TL Kreuzkümmel • 2 TL Salz • 1 Prise Pfeffer

1 Verkneten Sie alle Teigzutaten zu einem glatten Hefeteig und stellen Sie ihn ca. 60 Minuten an einen warmen Ort, damit er schön aufgehen kann.

4–6 PERSONEN | 10–15 MINUTEN

2 In der Zwischenzeit für die Füllung den Knoblauch und die Petersilie fein hacken und mit den restlichen Zutaten vermengen.

3 Den Teig mit dem Nudelholz zu 4–6 runden Fladen ausrollen. Jeweils eine Fladenhälfte mit 1–2 Esslöffeln der Füllung belegen. Achten Sie dabei darauf, dass ein kleiner Rand frei bleibt. Den Rand mit etwas Wasser befeuchten, den Fladen zusammenfalten und sorgfältig verschließen.

TIPP
Für noch mehr Orient auf dem Teller können Sie die Füllung auch noch mit jeweils einer Prise gemahlenem Koriander und Zimt aufpeppen.

4 Grillen Sie die Teigtaschen bei direkter Hitze unter mehrmaligem Wenden bei einer Temperatur von 200–250 °C auf einem Stück Alufolie. Nach 10–15 Minuten sind die Taschen fertig gebacken.

Bunte Paprika-Käse
MUFFINS
mit Parmesanchip

Zutaten für 12 Muffins

TEIG: *250 g Paprika, rot, gelb und grün • 300 g Mehl • 110 ml Olivenöl • 120 ml Wasser 3 Eier (M) • 1 Pck. Backpulver • 2 TL Salz • 1 Prise Pfeffer • 150 g geriebener Käse 12 Muffinförmchen*
DEKO: *etwas geriebener Parmesan*

6 PERSONEN   **25–30 MINUTEN**

1 Die Paprika waschen, entkernen und in gleichmäßige Würfel schneiden.

2 Geben Sie die restlichen Zutaten bis auf den Käse in eine Rührschüssel und verrühren Sie alles zu einem glatten Teig.

3 Die Paprika und den geriebenen Käse nun mit einem Teigschaber unterheben und den Teig anschließend in ein mit Papierförmchen ausgelegtes Muffinblech füllen.

4 Grillen Sie die Muffins bei 180–200 °C ca. 25–30 Minuten bei indirekter Hitze. Nehmen Sie die Muffins aus dem Blech und lassen Sie sie auskühlen.

5 Für die Deko kleine Häufchen geriebenen Parmesan auf eine Alufolie legen und auf den Grill legen. Einige Minuten schmelzen lassen, sodass ein kleiner Käsechip entsteht. Stecken Sie diesen nach Erkalten in die Muffins.

TIPP
Diese Muffins schmecken sehr gut als Beilage zu gegrilltem Fleisch oder (Käse-) Würstchen.

Bunter FLAMMKUCHEN

perfekt für Vegetarier

Zutaten für 4–6 kleine Flammkuchen

TEIG: *250 g Mehl • 50 ml Öl • 125 ml Wasser • 1 Prise Salz*
BELAG: *100 g Cocktailtomaten • 1 Pck. Feta • 1 Bund Frühlingszwiebeln • 100 g Oliven*
2 Becher Crème Fraîche • 1 TL Salz • ½ TL Pfeffer • 1 Prise Muskat

1 Alle Zutaten zu einem glatten Teig verkneten und anschließend ca. 15 Minuten in Frischhaltefolie verpackt ruhen lassen.

2 Die Tomaten halbieren, den Feta würfeln und die Frühlingszwiebeln und Oliven in Ringe schneiden. Die Crème Fraîche mit Salz, Pfeffer und Muskat in einer Schüssel würzen.

3 Teilen Sie den Teig in vier bis sechs Portionen und rollen Sie ihn mit einem Nudelholz dünn aus. Die Crème Fraîche-Masse gleichmäßig darauf verteilen. Anschließend das Gemüse und den Käse auf den Flammkuchen legen.

4 Die Flammkuchen auf je ein Stück Backpapier und darunter Alufolie legen. Die Folie sollte auf jeder Seite 20 cm größer als der Flammkuchen sein. Die überstehende Alufolie nach oben falten und zusammendrücken, sodass eine Art Glocke entsteht.

4–6 PERSONEN | | **10 MINUTEN**

5 Den Flammkuchen bei direkter Hitze bei 250 °C ca. 10 Minuten grillen, bis der Boden knusprig ist.

TIPP

Flammkuchen lassen sich nach Herzenslust individuell belegen. Wie wäre es zum Beispiel mit einem Zwiebel-Speck-, einem Räucherlachs-Meerrettich-Rucola-, einem Birnen-Gorgonzola- oder einem Käse-Lauch-Topping?

Buchtipps

Hier finden Sie eine Auswahl weiterer Backtitel, die Sie interessieren könnten:

TOPP 7920
ISBN 978-3-7724-7920-5

TOPP 8012
ISBN 978-3-7724-8012-6

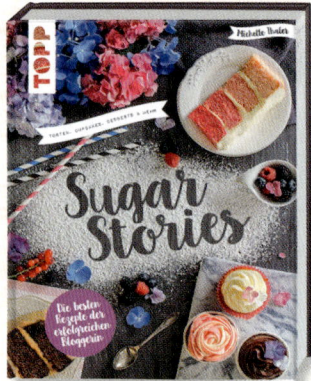

TOPP 8013
ISBN 978-3-7724-8013-3

TOPP 8015
ISBN 978-3-7724-8015-7

TOPP 8016
ISBN 978-3-7724-8016-4

TOPP 8017
ISBN 978-3-7724-8017-1

TOPP 8010
ISBN 978-3-7724-8010-2

TOPP 8002
ISBN 978-3-7724-8002-7

TOPP 8003
ISBN 978-3-7724-8003-4

TOPP 8004
ISBN 978-3-7724-8004-1

TOPP 8005
ISBN 978-3-7724-8005-8

TOPP 8006
ISBN 978-3-7724-8006-5

TOPP 8007
ISBN 978-3-7724-8007-2

TOPP 8009
ISBN 978-3-7724-8009-6

TOPP 8011
ISBN 978-3-7724-8011-9

Alle
REZEPTE
im Überblick

S. 18

S. 20

S. 22

S. 24

S. 26

S. 28

S. 30

S. 32

S. 34

S. 36

S. 38

S. 40

S. 42

S. 44

S. 46

S. 48

Die Autoren

Georg Lenz wurde in Köln geboren, ist in Düsseldorf aufgewachsen und hat mit Felix an der Universität Hohenheim in Stuttgart Lebensmitteltechnologie studiert. Seit seiner Kindheit ist das Backen und Kochen seine große Leidenschaft. Besonders Spaß macht ihm das Experimentieren mit Lebensmitteln und das Entwickeln von neuen Rezepten. Mittlerweile wohnt und arbeitet Georg wieder in seiner Geburtsstadt Köln.

Felix Walz interessiert sich seit seiner Kindheit für alles, was mit Essen zu tun hat, denn in seiner Familie wurde regelmäßig gemeinsam gekocht und gebacken. Da seine Großtante früher eine Bäckerei besaß, war jedoch vor allem das Thema Backen allgegenwärtig. Seinen Zivildienst absolvierte Felix als Koch in einem Kindergarten, hierauf folgte sein Studium im Fach Lebensmitteltechnologie. Aktuell promoviert er an der Universität Hohenheim im Fachgebiet Lebensmittelphysik und Fleischwissenschaft.

Danke

Wir bedanken uns ganz herzlich bei den Firmen RÖSLE GmbH & Co. KG (Marktoberdorf) und HEMA (www.hemashop.com) für die freundliche Bereitstellung von Materialien.

Kreativ-Hotline
Hilfestellung zu allen Fragen, die unsere Bücher betreffen: **Frau Erika Noll** berät Sie. Rufen Sie an oder schreiben Sie eine E-Mail!
Telefon: 0 50 52 / 91 18 58*
*normale Telefongebühren
E-Mail: mail@kreativ-service.info

Impressum

REZEPTE: Georg Lenz und Felix Walz
FOTOS: frechverlag GmbH, 70499 Stuttgart; lichtpunkt, Michael Ruder, Stuttgart
KONZEPT, PRODUKTMANAGEMENT UND LEKTORAT: Anna Burger
GESTALTUNG UND SATZ: Nakischa Scheibe
DRUCK UND BINDUNG: Finidr s.r.o., Tschechische Republik

1. Auflage 2016

© 2016 **frechverlag** GmbH, Turbinenstraße 7, 70499 Stuttgart

ISBN: 978-3-7724-8014-0

Best.-Nr. 8014